Mathematik

2

Einstiegsbuch

Erarbeitet von
Eva Brosi
Anna Harrich-Voßen
Gesa Hochscherff
Uwe Nienhaus
Anna Pöllinger

Illustriert von
Friederike Ablang
Antje Hagemann
Josephine Wolff

Cornelsen

Inhalt

Daten

Daten erfragen 4
Daten erheben 5
Daten darstellen 6
Daten auswerten 7

Zahlen bis 100

Große Mengen (I) 8
Große Mengen (II) 9
Zahlen bis 100 (I) 10
Zahlen bis 100 (II) 11
Das Hunderterfeld (I) 12
Das Hunderterfeld (II) 13
Zehner und Einer 14
Kleiner, größer, gleich 15
Die Hundertertafel (I) 16
Die Hundertertafel (II) 17
Der Zahlenstrahl (I) 18
Der Zahlenstrahl (II) 19

Flächeninhalt

Das Geobrett kennenlernen 20
Figuren auf dem Geobrett 21
Flächen auf dem Geobrett 22
Der Flächeninhalt (I) 23
Der Flächeninhalt (II) 24

Addition bis 100

Addition bis 100 25
Riesen und Zwerge 26
Bis zum Zehner 27
Vom Zehner weiter 28
Verliebt in den Zehner (I) 29
Verliebt in den Zehner (II) 30
Aufgaben mit 10 helfen 31
Zehner addieren 32
Rechenwege verstehen 33
Stellenweise addieren 34
Schrittweise addieren 35

Die Hilfsaufgabe 36
Alle Rechenwege 37

Subtraktion bis 100

Subtraktion bis 100 38
Riesen und Zwerge 39
Bis zum Zehner 40
Vom Zehner weiter 41
Verliebt in den Zehner (I) 42
Verliebt in den Zehner (II) 43
Aufgaben mit 10 helfen 44
Zehner subtrahieren 45
Rechenwege verstehen 46
Stellenweise subtrahieren 47
Schrittweise subtrahieren 48
Die Hilfsaufgabe 49
Alle Rechenwege 50

Körper und Würfelgebäude

Körper kennenlernen 51
Körper untersuchen 52
Würfelgebäude 53
Der Bauplan 54
Ansichten von Würfelgebäuden .. 55

Geld

Unser Geld 56
Münzen und Scheine 57
Geldbeträge vergleichen 58
Preise 59
Geld wechseln 60
Einkaufen 61

Zeit

Die Zeit 62
Stunden und Minuten (I) 63
Stunden und Minuten (II) 64
Zeitspannen 65
Der Kalender 66

Multiplikation bis 100

Malaufgaben kennenlernen 67
Malaufgaben in der Umwelt 68
Einmaleins am Hunderterfeld 69
Tausch-/Quadrataufgaben 70
Einmaleins mit 2, 1, 10, 5 71
Kernaufgaben............................ 72
Einmaleins mit 4, 8, 3, 6,
9, 7, 0 73
Die Einmaleins-Tabelle 74
Die Zahlenjagd......................... 75

Division bis 100

Geteiltaufgaben kennenlernen ... 76
Verteilen ohne und mit Rest 77
Aufteilen ohne und mit Rest 78
Geteilt mit Punktebildern 79
Aufgabenfamilien...................... 80
Quadrataufgaben umkehren 81
Geteiltaufgaben untersuchen 82
Geteiltaufgaben lösen 83

Wahrscheinlichkeit

Sicher, möglich, unmöglich......... 84
Ziehen mit Hinsehen.................. 85
Ziehen ohne Hinsehen 86

Längen und Messen

Längen vergleichen (I) 87
Längen vergleichen (II) 88
Messen früher........................... 89
Messen heute 90
Längen schätzen und messen 91
Längen zeichnen 92

Rechengeschichten

Informationen finden................. 93
Fragen stellen 94
Rechnen 95
Antworten geben 96

Vier Grundrechenarten

Das Mal-Plus-Haus (MPH) 97
Plus, minus, mal, geteilt
im MPH 98
Die Dachzahl erforschen 99
Äußere Kellerzahlen
erforschen 100
Die mittlere Kellerzahl
erforschen 101

Orientierung im Raum

Orientierung auf dem Plan 102
Wege gehen 103
Wege finden............................ 104

3

Daten erfragen

 A S. 12

1.
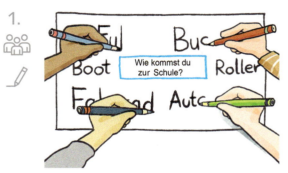

2.

3.

4.

 Kannst du die Umfrage eindeutig beantworten?

Forschungsauftrag: Sind die Antwortmöglichkeiten so gestellt, dass die SuS eine Antwort auswählen können? (Keine Ja/Nein-Frage)

Daten erheben

1.

2.

 Wie habt ihr die Fragen beantwortet?

5

Daten darstellen

A S. 14

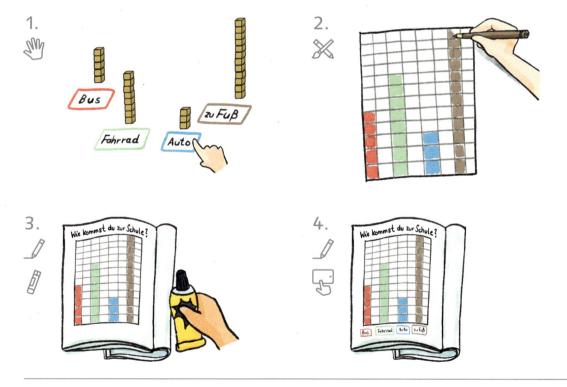

Sind die Diagramme richtig gezeichnet?
Welche Antwort wurde am häufigsten/seltensten gewählt?

6

Daten auswerten

 A S. 15

Wie kannst du die Umwelt schützen? Was nimmst du dir vor?

Große Mengen (I)

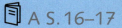

1.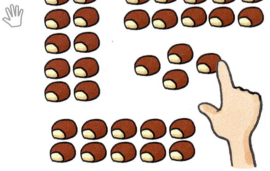

2.

3.

4.

 Wie kannst du das Ergebnis schnell überprüfen?

Wortspeicher aus Klasse 1 wiederholen: der Zehner, der Einer, bündeln.
Nach Nr. 2 folgt eine Zwischenreflexion: Thematisierung Zehnerbündel.

Große Mengen (II)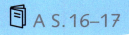

1.

2.

3.

 Passt die Menge zur Zahl?

Zahlen bis 100 (I)

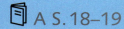

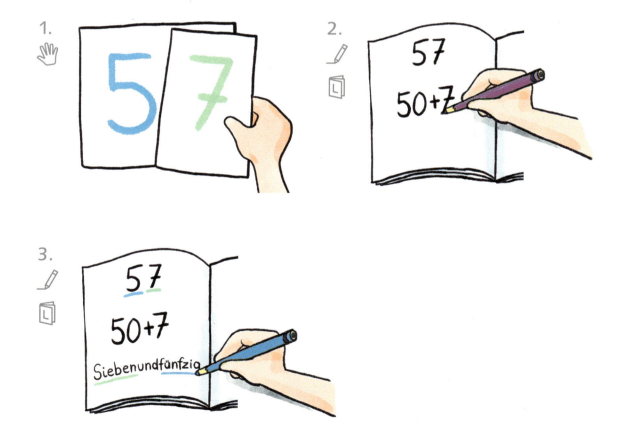

 Wie spreche ich in anderen Sprachen? Wann sage ich die Zehner? Wann die Einer?

Zahlen bis 100 (II)

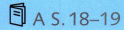

Was fällt dir leichter, vorwärts oder rückwärts zählen? Hast du einen Tipp?

Ggf. Spielzeit mithilfe einer Sanduhr vorgeben.

Das Hunderterfeld (I)

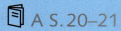

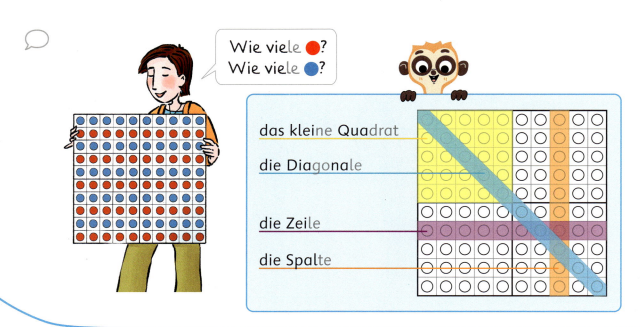

das kleine Quadrat
die Diagonale
die Zeile
die Spalte

1.
2.
3. 50 + 50 = 100
4. Wie viele Plättchen passen in eine Spalte/Zeile/Diagonale/in das kleine Quadrat?

Wie ist das Hunderterfeld aufgebaut?

Das Hunderterfeld (II)

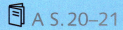

 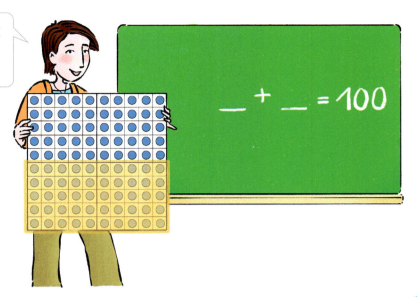

 Wie hilft dir der Aufbau des Hunderterfeldes, die Menge auf einen Blick zu erkennen?

13

Zehner und Einer

A S. 22–23

der Hunderter ☐　　der Zehner ——　　der Einer •

1.

2.

Wie kann ich die Geheimschrift schnell lesen?

Was sind die Lösungen der Rätsel?
Wie kannst du die Geheimschrift schnell und gut lesen?

Stationsarbeit.

Kleiner, größer, gleich

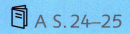 A S. 24–25

kleiner als   <
größer als   >
gleich   =

1.
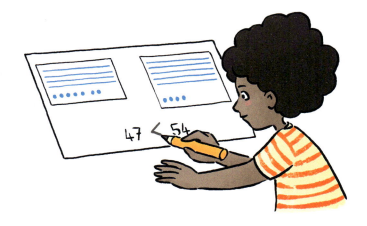

2.

3.

 Was ist dir leicht-/schwergefallen? Warum?

Die Hundertafel (I)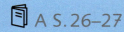

"Was ist gleich? Was ist verschieden?"

1	2	3	4	5	6	7	8	9	10
11	12	13	14	15	16	17	18	19	20
21	22	23	24	25	26	27	28	29	30
31	32	33	34	35	36	37	38	39	40
41	42	43	44	45	46	47	48	49	50
51	52	53	54	55	56	57	58	59	60
61	62	63	64	65	66	67	68	69	70
71	72	73	74	75	76	77	78	79	80
81	82	83	84	85	86	87	88	89	90
91	92	93	94	95	96	97	98	99	100

1.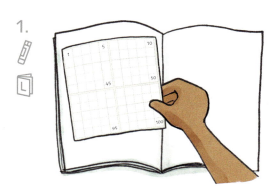

2.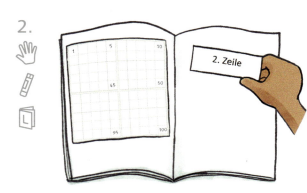

3.  "Wie verändern sich die Zahlen?"

4.  "Die Zahl wird immer um eins größer."

 Was hast du entdeckt?

Die Hundertafel (II)

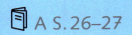

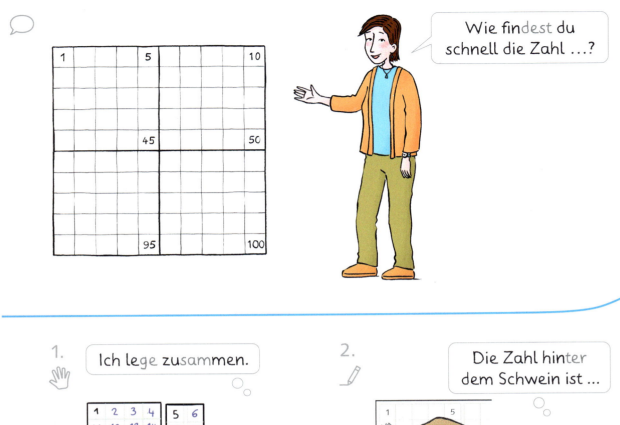

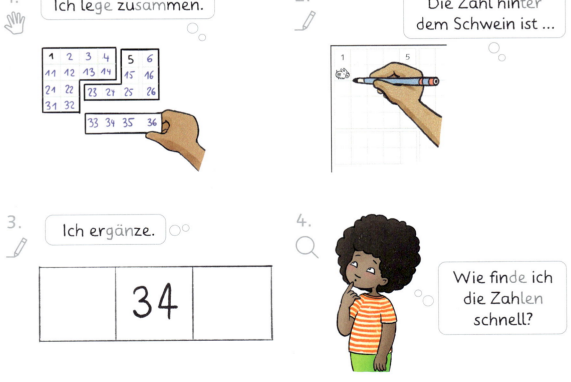

Wie findest du die Zahl in der Hundertertafel schnell?

Stationsarbeit.

Der Zahlenstrahl (I)

A S. 28–29

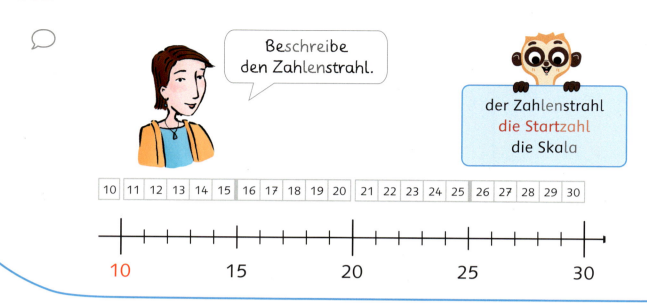

1. Der Zahlenstrahl

2.

3.

4.

Wie hilft dir die Skala, die Zahlen auf dem Zahlenstrahl zu finden?

Arbeit mit dem Partnerkind: In der nächsten Runde die Rollen tauschen.

Der Zahlenstrahl (II)

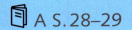

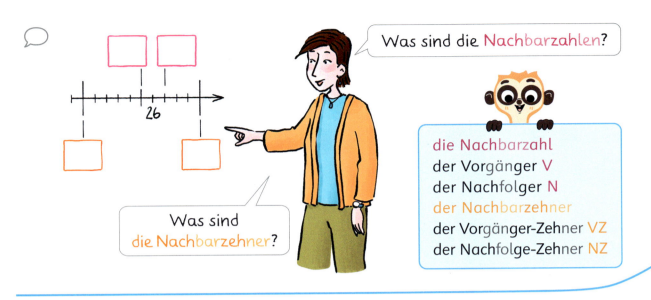

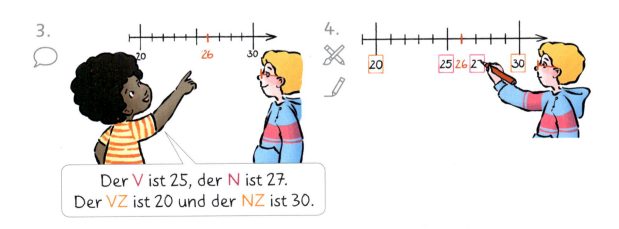

Wie finde ich schnell die Nachbarzehner einer Zahl?

Das Geobrett kennenlernen

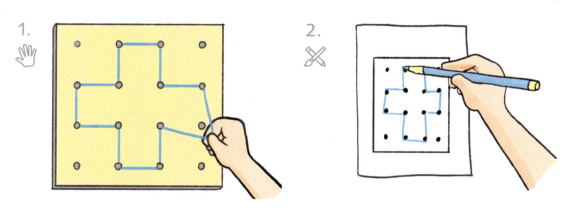

 Wie hast du gespannt? Passt der Name zur Figur?

Figuren auf dem Geobrett   A S. 32–33

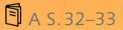

1.

2. Wie finde ich alle Rechtecke und Quadrate?

3.

Hast du eine Strategie, um alle Rechtecke und Quadrate zu finden?

Reflexion: Unterschied zwischen Quadrat und Rechteck am Geobrett zeigen.

21

Flächen auf dem Geobrett

A S. 34–35

Zerlege in gleich große Teile.

die Fläche zerlegen

1. 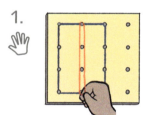 Ich zerlege in 2 Teile.

2. 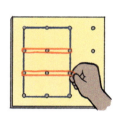 Ich zerlege in 3 Teile.

3. 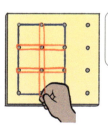 … in möglichst viele Teile.

4.  Wie groß ist der kleinste Teil?

 Woran erkennst du, dass die Flächen gleich groß sind?
Wie kannst du die Flächengröße bestimmen?

22

Der Flächeninhalt (I)

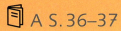 A S. 36–37

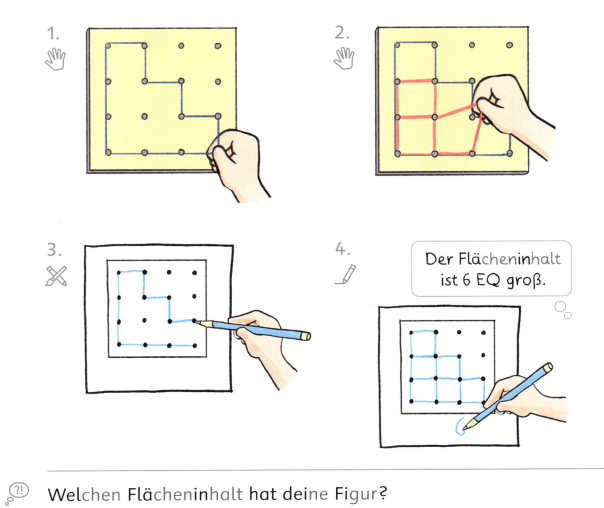

Welchen Flächeninhalt hat deine Figur?

Hinweis: Figuren sollen keine diagonalen Seiten haben.

23

Der Flächeninhalt (II)
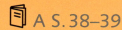

1.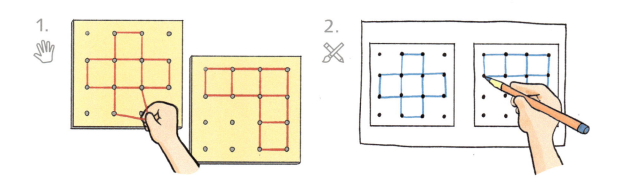

2.

3. Wie finde ich alle Figuren?

Hast du eine Strategie, um alle Figuren mit 5 EQ zu finden?

Gedrehte, gespiegelte, verschobene Figuren aussortieren.

Addition bis 100

 A S. 40

Warum ist diese Aufgabe leicht für dich?
Hast du Tipps?

Eine Liste leichter und schwerer Aufgaben präsentieren.

25

Riesen und Zwerge

A S. 41

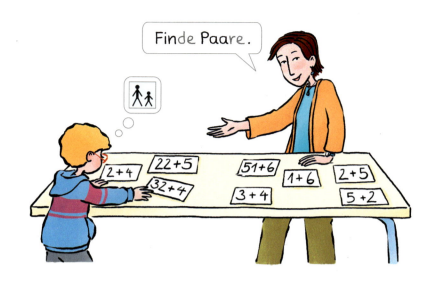

Bei welchen Aufgaben hilft dir 👥 ?

Aufgabenkarten aus der 1. Stunde verwenden.

Bis zum Zehner

 Findest du schnell die verliebte Zahl?

Nachfolge-Zehner (NZ) wiederholen.

Vom Zehner weiter

A S. 43

Was ist einfacher: Z + E oder E + Z?

Verliebt in den Zehner (I)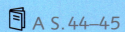

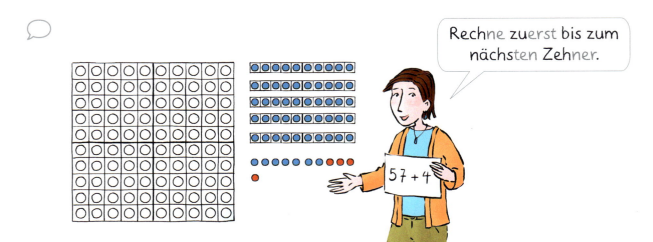

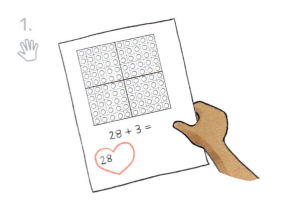

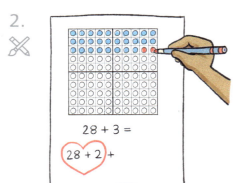

Wie rechnest du? Bei welchen Aufgaben hilft dir Z?

Verliebt in den Zehner (II)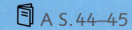

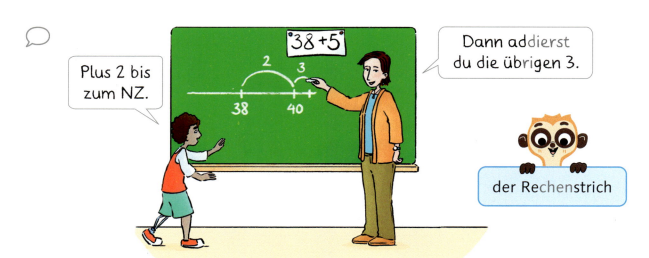

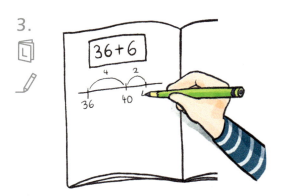

Bei welchen Aufgaben hilft dir der Rechenstrich?

Aufgaben mit 10 helfen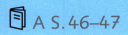

1.

2.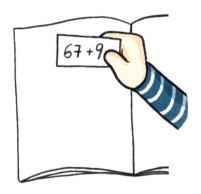

3.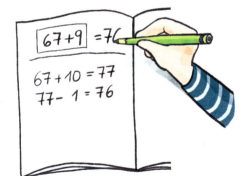

 Bei welchen Aufgaben hilft dir ?

31

Zehner addieren

A S. 48–49

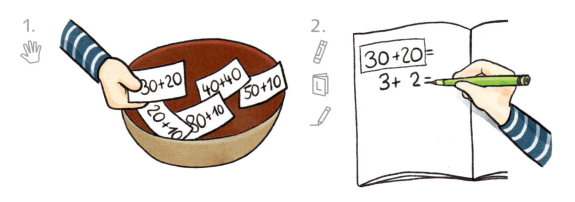

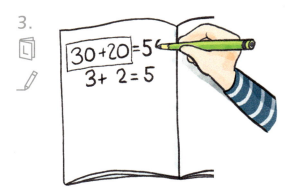

Bei welcher Aufgabe hilft dir dieser Rechenweg?

Rechenwege verstehen

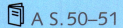 A S. 50–51

Hast du dich an den Ablauf der Mathekonferenz gehalten?
Verstehst du die Rechenwege der anderen?

1. SuS sollen Ideen für mögliche Rechenwege notieren, auch wenn sie die Aufgabe nicht lösen können.

Stellenweise addieren

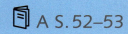

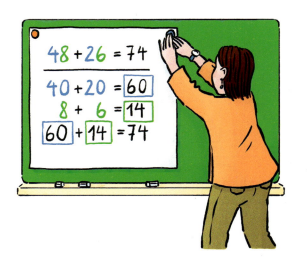

1.

2.

3.

4.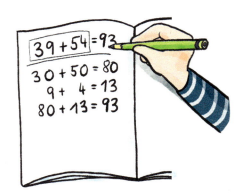

Bei welchen Aufgaben hilft dir Z+Z / E+E ?

Schrittweise addieren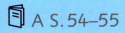

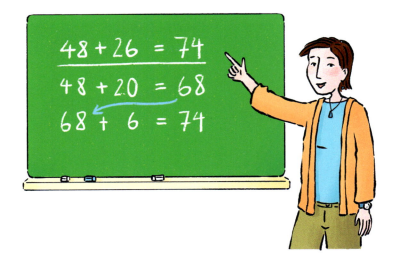

1.

2.

3.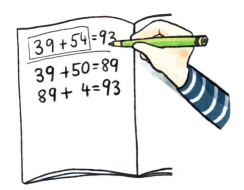

 Bei welchen Aufgaben hilft dir ?

35

53+44

Die Hilfsaufgabe

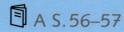 A S. 56–57

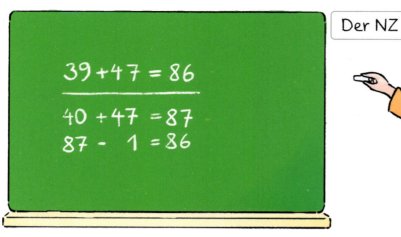

Der NZ hilft.

1.

2.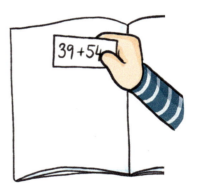

3.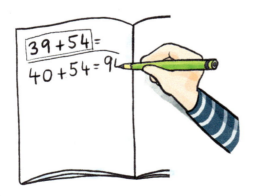

4.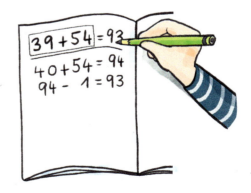

 Bei welchen Aufgaben hilft dir ?

Alle Rechenwege

A S. 58–59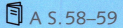

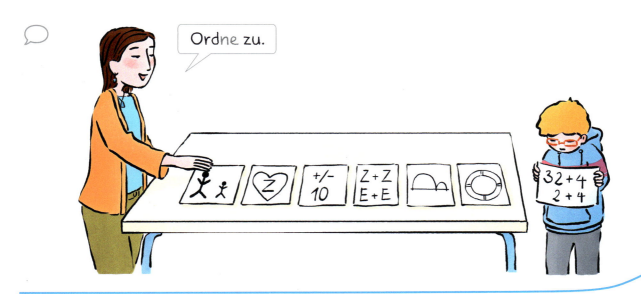

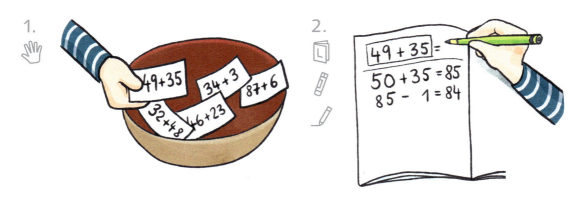

Welche Rechenwege hast du genutzt?
Wie kannst du weiter üben?

Nach Nr. 2 folgt eine Zwischenreflexion. Anschließend Stationsarbeit.

37

Subtraktion bis 100

A S. 62

die Subtraktion
subtrahieren

$$36 - 4 = 32$$
Minuend Subtrahend Differenz

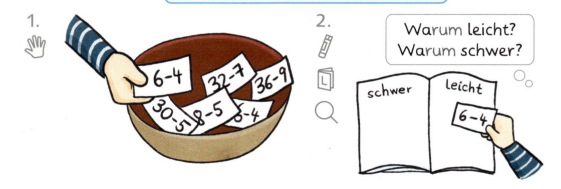

1.

2. Warum leicht? Warum schwer?

3.

Warum ist diese Aufgabe leicht für dich?
Hast du Tipps?

Eine Liste an leichten und schweren Aufgaben präsentieren.

38

Riesen und Zwerge

A S. 63

1.

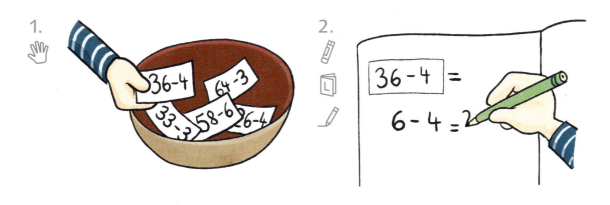

2.

3. Die Ergebnisse ...

Bei welchen Aufgaben hilft dir ?

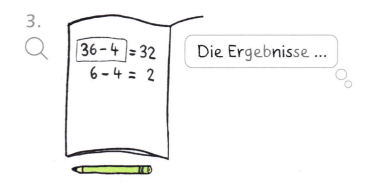

Aufgabenkarten aus der 1. Stunde verwenden.

Bis zum Zehner

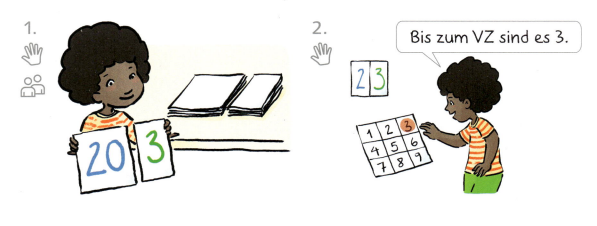

🔍❓ Wie findest du schnell den Subtrahenden?

Vorgänger-Zehner (VZ) wiederholen.

Vom Zehner weiter

 A S. 65

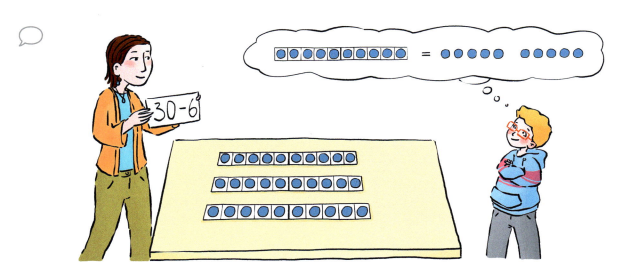

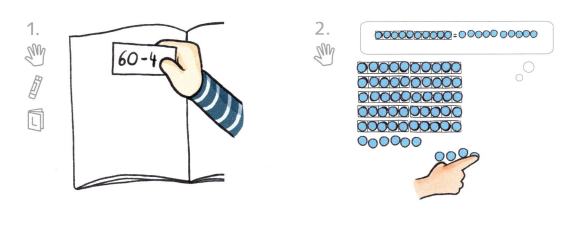

3. Wie helfen mir die verliebten Zahlen?

Ist es dir leicht-/schwergefallen? Hast du Tipps?

41

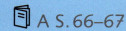

Verliebt in den Zehner (I)

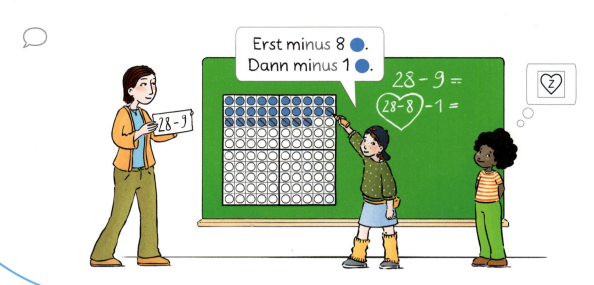

1.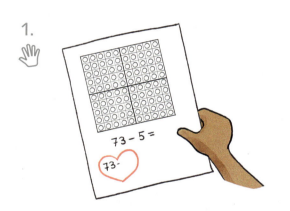

2.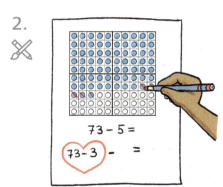

3.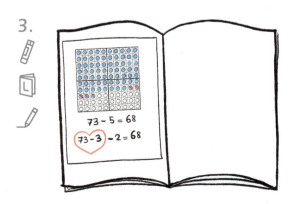

Wie rechnest du? Bei welchen Aufgaben hilft dir ?

Verliebt in den Zehner (II)

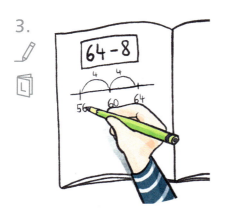

Hilft dir der Rechenstrich?

Aufgaben mit 10 helfen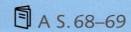

  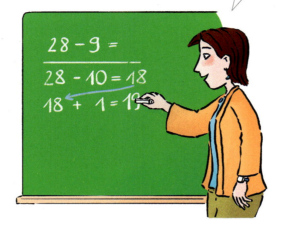

1.

2.

3.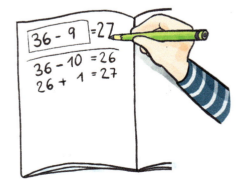

 Bei welchen Aufgaben hilft dir +/- 10 ?

Zehner subtrahieren

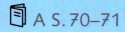

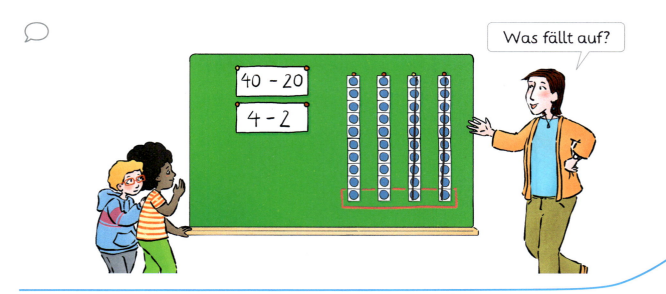

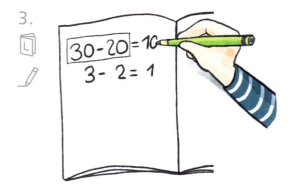

 Bei welcher Aufgabe hilft dir dieser Rechenweg?

64−22 **Rechenwege verstehen**   A S. 72–73

Hast du dich an den Ablauf der Mathekonferenz gehalten?
Verstehst du die Rechenwege der anderen?

1. SuS sollen Ideen für mögliche Rechenwege notieren, auch wenn sie die Aufgabe nicht lösen können.

Stellenweise subtrahieren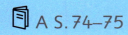

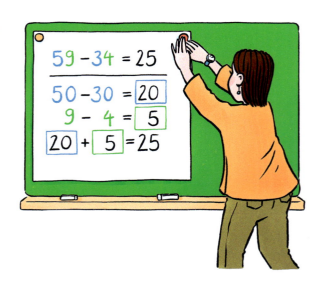

1.

2.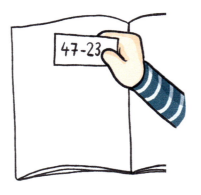

3.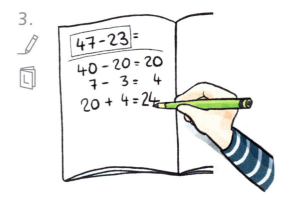

 Bei welchen Aufgaben hilft Z-Z / E-E ?

47

Schrittweise subtrahieren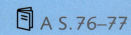

A S. 76–77

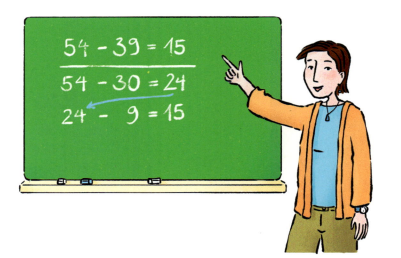

schrittweise
ZE – Z
ZE – E

1.

2.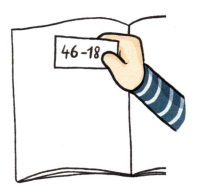

3.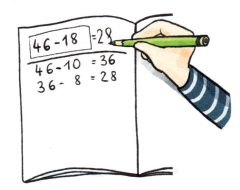

 Bei welchen Aufgaben hilft dir ?

48

Die Hilfsaufgabe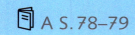

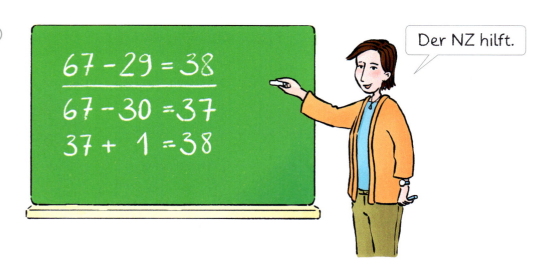

1.

2.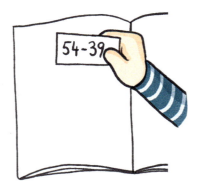

3.

 Bei welchen Aufgaben hilft dir ?

64−22 **Alle Rechenwege** A S. 80–81

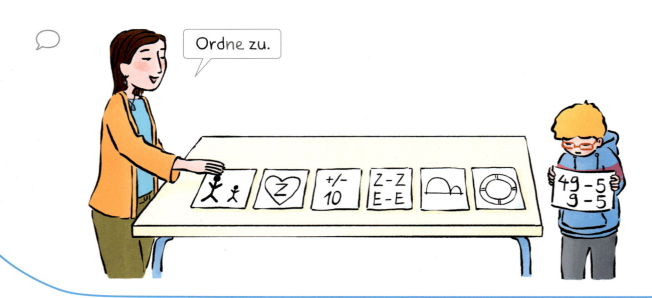

Welche Rechenwege hast du genutzt?
Wie kannst du weiter üben?

Nach Nr. 2 folgt eine Zwischenreflexion.

Körper kennenlernen

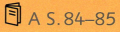 A S. 84–85

der Körper
die Kugel
der Quader
der Würfel
der Zylinder

1.

2.

3.

Welchen Körper finde ich häufig?

 Welche Körper hast du (häufig) gefunden?
Gibt es Gegenstände aus mehreren Körpern?

51

Körper untersuchen

A S. 86–87

1.

2.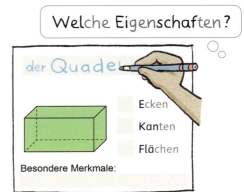

3.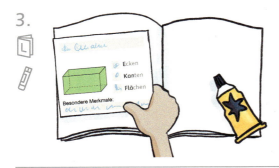

Welche Eigenschaften hat jeder Körper?
Welcher Körper rollt/kippt?

1. Stationsarbeit.
Wiederholung der Arbeitsschritte mit einem anderen Körper.

Würfelgebäude

Ich beachte beim Bauen die Regeln.

Die Würfel stehen ...
... ohne Lücken.
... Fläche an Fläche.
... Kante an Kante.

1.

2.

Es sind ___ Wü[rfel]

3.

4.
Wie viele Würfel?

Es sind ___ Wü[rfel]

 Warum ist es schwierig, Würfelgebäude zu zeichnen?
Hast du eine andere Idee?

Das in Nr.1 gebaute Würfelgebäude entweder fotografieren und abbauen oder verdecken, bevor das Partnerkind anfängt.

Der Bauplan

A S. 89–91

der Bauplan

1.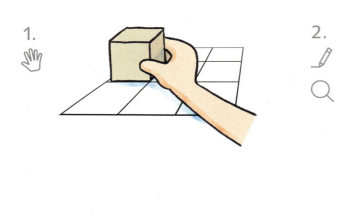

2.

Passt der Bauplan zum Würfelgebäude?

3.

Das passt zusammen.

Passen die Baupläne zu den Würfelgebäuden?

Ansichten von Würfelgebäuden

1.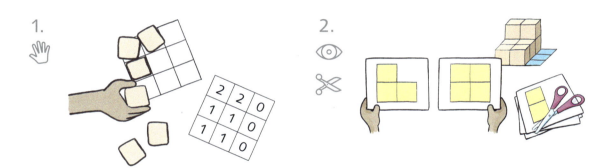

2.

3.

 Passen Ansicht und Bauplan zusammen? Hast du Tipps?

55

Unser Geld

1.

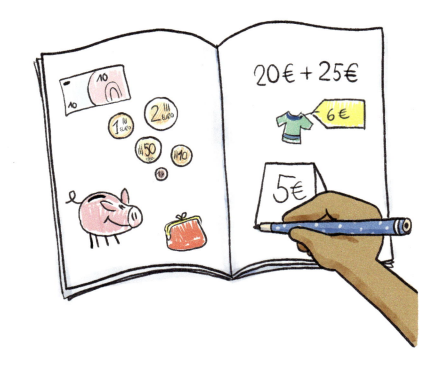

Hast du etwas Neues entdeckt?

Unterschiede zwischen Euro und Cent thematisieren.

Münzen und Scheine 📖 A S. 94

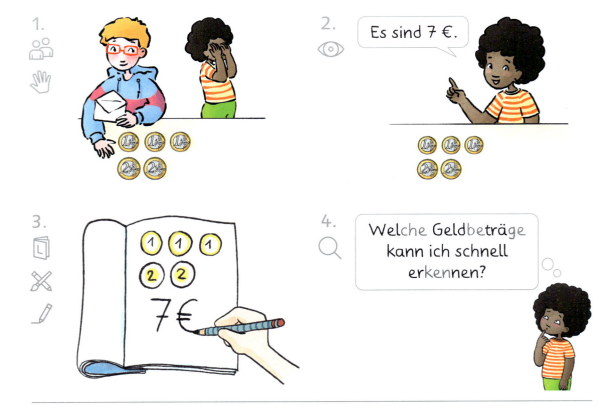

Welche Geldbeträge kannst du leicht/schwer erkennen? Warum?

Eine Arbeitsphase nur mit Euro, eine nur mit Cent.

57

Geldbeträge vergleichen

A S. 95

1.

2.

3.
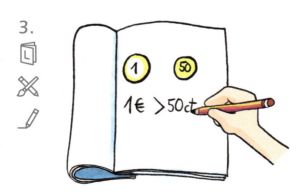

 Stimmen die Geldbeträge? Wurden <, >, = richtig gesetzt?

Preise

 A S. 96

Warum passt der größte/kleinste Preis zu …?

59

Geld wechseln

A S. 97

1.

2.

3. Kann ich alle Geldbeträge wechseln?

4.

 Welche Münzen/Scheine habt ihr gewechselt?
Wie habt ihr die Münze/den Schein gewechselt?

Eine Arbeitsphase nur mit Scheinen, eine nur mit Münzen.

Einkaufen

A S. 98

1.

2. Sind 50€ genug?

14€ + 19€ = 33€

3. Mein Rückgeld …

50€ - 33€ =

Was hast du gekauft? Wie viel Rückgeld hast du erhalten?

61

Die Zeit

1.

Was hast du Neues entdeckt?

Stunden und Minuten (I)

15 Minuten
eine viertel Stunde

30 Minuten
eine halbe Stunde

45 Minuten
eine dreiviertel Stunde

60 Minuten
eine volle Stunde

1. Wie spät ist es?

1 Stunde = 60 Minuten
1 h = 60 min

2. Es ist 5:15 Uhr oder 17:15 Uhr.

3.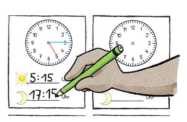

 Welche Uhrzeiten sind dir beim Ablesen leicht-/schwergefallen? Warum?

Nach jeder Runde Rollenwechsel: Ein Kind stellt die Uhrzeiten ein, das andere nennt die Uhrzeiten.

Stunden und Minuten (II)

Ist dir das Einstellen und Zeichnen der Uhrzeiten leicht-/schwergefallen? Warum?

Zeitpunkte und Zeitspannen

1.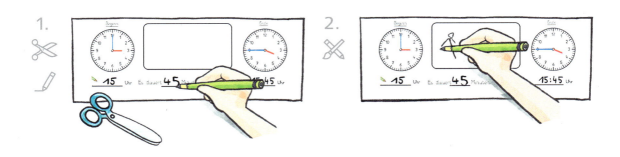

2.

3.

 Passen Bild und Zeitspanne zusammen?

65

Der Kalender

A S. 104–105

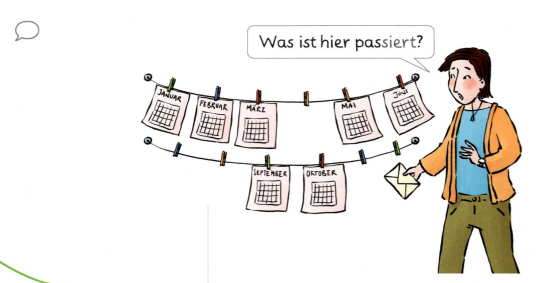

1.

2.

Wozu brauchen wir Kalender?

Stationsarbeit: Nach jeder Station folgt Austausch mit Partnerkind.

66

Malaufgaben kennenlernen

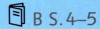

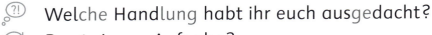

Welche Handlung habt ihr euch ausgedacht?
Passt sie zur Aufgabe?

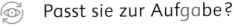

Malaufgaben in der Umwelt

Welche Malaufgabe erkennst du im Bild?

Aus den Multiplikationskarten eine Kartei erstellen, welche die SuS zum Vertiefen nutzen können.

Einmaleins am Hunderterfeld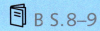

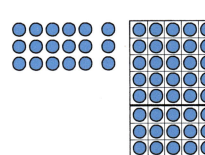 

1.

2.

3. $4 \cdot 5 = 20$
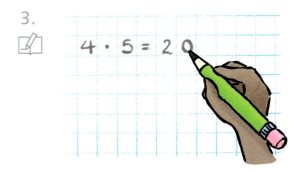

4.

 Wie hilft der Aufbau des Hunderterfelds, das Ergebnis schnell zu bestimmen?

Hinweis: Das Hunderterfeld hilft insbesondere bei Aufgaben mit höheren Ergebnissen, weil diese durch kluge Leseweisen schnell erkannt werden.

Tausch-/Quadrataufgaben B S. 10–11

1.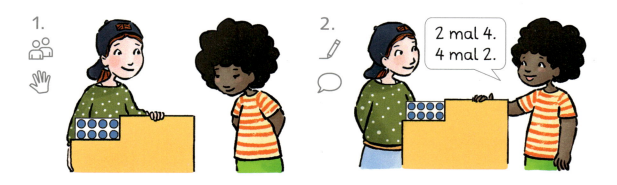

2.

3.

4.

Hat jede Aufgabe eine Tauschaufgabe?

Hinweis: Der Wortspeicher zur Quadrataufgabe wird in der Reflexion als Aufgabe ohne Tauschaufgabe erarbeitet. Die Quadratzahl (16) ist das Produkt der Quadrataufgabe (4·4).

Einmaleins mit 2, 1, 10, 5

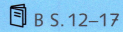 B S. 12–17

1. 1 · 2

2. 1 · 2 = 2
   2 · 2 = 4
   3 · 2 =

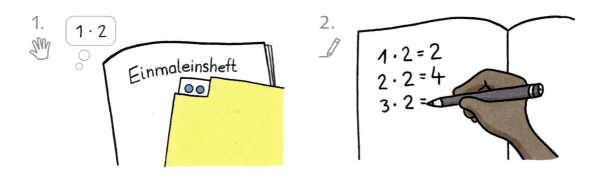

3.

4. Was fällt mir bei den Ergebnissen auf?

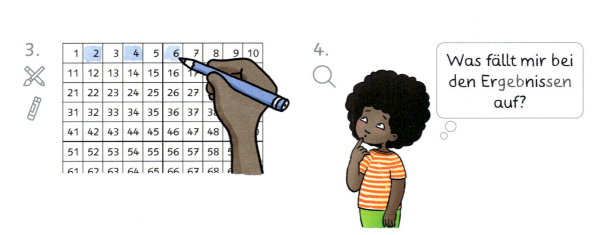

 Erkennst du ein Muster in der Hundertertafel?

Hinweis: Zur Erarbeitung der Multiplikation wird ein separates Einmaleinsheft angelegt.
Reflexion: Muster innerhalb einer Einmaleinsreihe und zwischen verschiedenen Reihen vergleichen.

 B S. 18–19

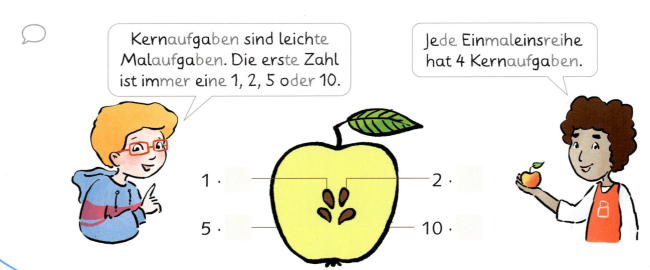

1.
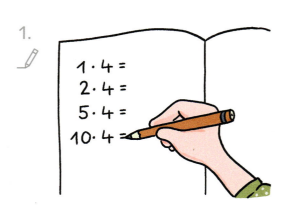

2. Was fällt mir an den Aufgaben und Ergebnissen auf?

Wie helfen dir die Kernaufgaben 5·7 und 1·7 bei der Aufgabe 6·7?

Einmaleins mit 4, 8, 3, 6, 9, 7, 0 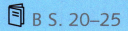 B S. 20–25

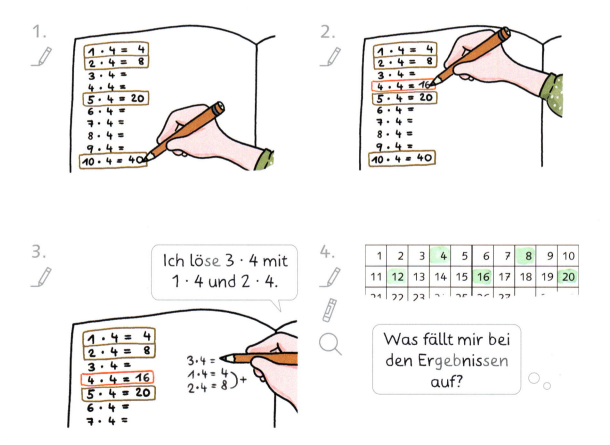

Konntest du alle Aufgaben lösen? Wie?

Analog dazu die Einmaleinsreihen mit 8, 3, 6, 9, 7, 0 bearbeiten.

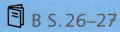

Die Einmaleins-Tabelle

·	1	2	3	4	5	6	7	8	9	10
1										
2										
3										
4										
5										
6										
7										
8										
9										
10										

Welche Aufgaben entdeckst du?

1.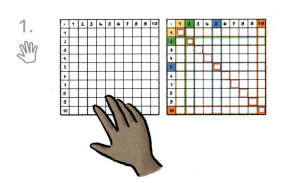

2.

3. 6·3   18!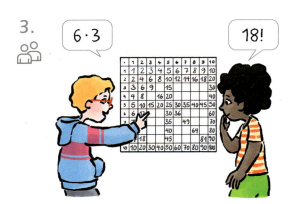

4. Richtig!

 Kannst du mit der Einmaleins-Tabelle gut umgehen?

Die Zahlenjagd

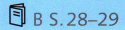 B S. 28–29

Wähle eine Aufgabe im Spielfeld …

… und löse sie im Ergebnisfeld.

● hat gewonnen.

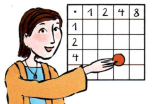

1.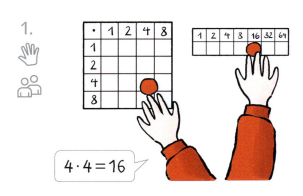
   $4 \cdot 4 = 16$

2.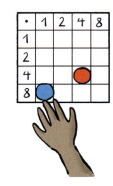
   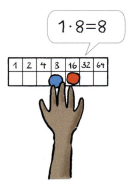
   $1 \cdot 8 = 8$

3.
   $2 \cdot 4 = 8$
   Das Ergebnisfeld ist belegt. Ich wende von ● auf ●.

4. Von welchem Ergebnisfeld kann ich nicht verjagt werden?

 Welche Strategien hast du, um zu gewinnen?

Ist ein Ergebnis im Ergebnisfeld schon durch ein Plättchen des Partnerkindes belegt, darf das Plättchen gewendet werden.

Geteiltaufgaben kennenlernen

B S. 32–33

Passen Bild und Geteiltaufgabe zusammen? Warum?

Verteilen ohne und mit Rest

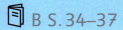 B S. 34–37

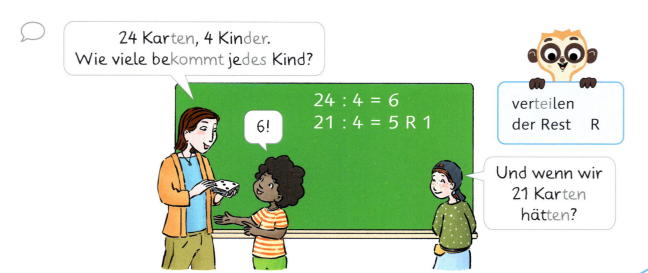

1.

2.

3.

Passen Auftrag und Aufgabe zusammen? Hattest du Aufgaben mit Rest?

SuS wiederholen die Arbeitsschritte mit verschiedenen Auftragskarten.

Aufteilen ohne und mit Rest

1.

2.

3.

 Passen Auftrag und Aufgabe zusammen?
Hattest du Aufgaben mit Rest?

SuS wiederholen die Arbeitsschritte mit verschiedenen Auftragskarten.

Geteilt mit Punktebildern

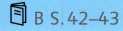

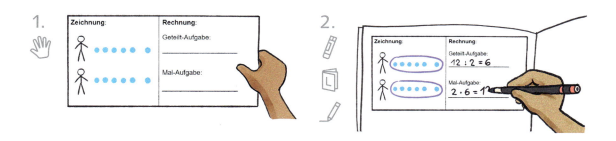

3. Was fällt mir auf?

Vergleiche Geteiltaufgabe und Malaufgabe. Was entdeckst du?

Stationsarbeit.

Aufgabenfamilien

Aus 3 Zahlen kann ich 4 Aufgaben bilden.

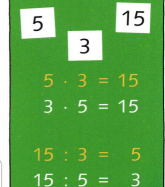

die Tauschaufgabe

die Umkehraufgabe

2 Malaufgaben. 2 Geteiltaufgaben.

1.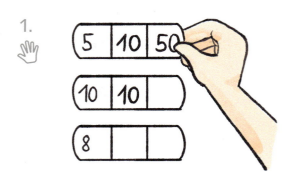

2.

3.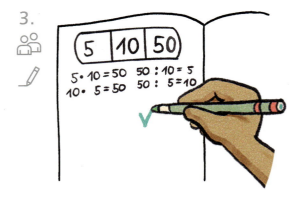

 Hast du alle 4 Aufgaben gefunden? Wie bist du vorgegangen, wenn Zahlen fehlten?

1. Es gibt Auftragskarten auf drei Niveaustufen.

Quadrataufgaben umkehren

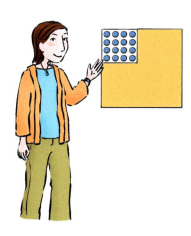 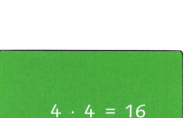 

1.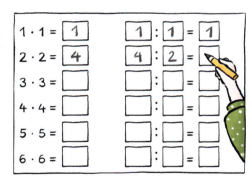

2.

3.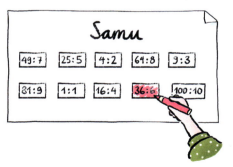

4.

 Vergleiche die Aufgaben. Was entdeckst du?

2.–3. Vorgang abwechselnd wiederholen.

81

Geteilaufgaben untersuchen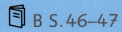

1.

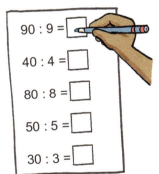

2.

Ich unterstreiche meine Entdeckung.

3.

Wie hilft uns die Entdeckung?

Welche Aufgaben kannst du mit dieser Entdeckung lösen?

Die SuS können ihre Forschungsmittel selbst wählen. Nr.3: Mathekonferenz.

Geteilaufgaben lösen

B S. 48

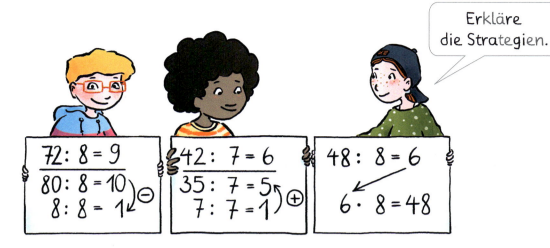

1.

2.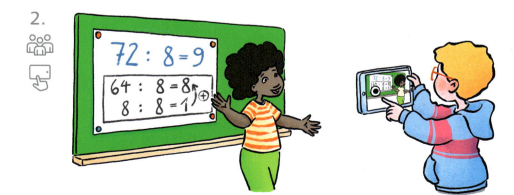

Welche Strategie hilft dir? Warum?

Sicher, möglich, unmöglich

 B S. 52–53

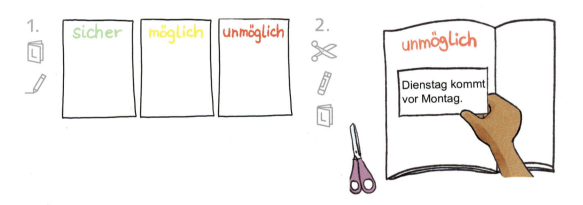

Welches Ereignis ist sicher/möglich/unmöglich?
Erkläre die Begriffe in eigenen Worten.

SuS machen in der Reflexion entsprechende Gesten zu den Aussagen: gekreuzte Arme (unmöglich), Daumen hoch (sicher), fragende Geste (möglich).

Ziehen mit Hinsehen

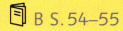

 Wie befüllst du das Glas, damit es sicher/möglich/unmöglich ist, dass du ● ziehst?

85

Ziehen ohne Hinsehen

 B S. 56–57

die Wahrscheinlichkeit
wahrscheinlich

1.

2.

3.

4. Aus welcher Socke wurde 🔵 am häufigsten gezogen?

 Aus welcher Socke würdest du ziehen?
Wo ist der Sieg am wahrscheinlichsten?

86 | 1. Es gibt drei verschiedenfarbige Socken. Gleiche Sockenfarben haben gleichen Inhalt. Jedes Team erhält eine Socke. 3. Teams der gleichen Sockenfarbe zählen ihre Ergebnisse zusammen.

Längen vergleichen (I) 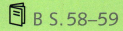 B S. 58–59

1. Wie können wir herausfinden, wer den größten Fuß hat?

2.

3. Ella ✓
So gehe ich vor:

Was können wir durch den direkten Vergleich herausfinden? Was nicht?

1. Mathekonferenz.

87

Längen vergleichen (II)

B S. 58–59

1.   „Wenn Noa und Ella nicht direkt nebeneinander stehen …"

2.

3.  „Wie vergleichen wir die Größe von Umrissbildern?"

 Wer ist das größte Kind in der Klasse? Wie hilft uns der Umriss?

Nach Nr. 1 folgt eine Zwischenreflexion.

88

Messen früher 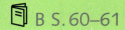 B S. 60–61

Gibt es ein Körpermaß, das beim Messen eindeutig ist?

89

Messen heute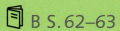

1. Mit welchem Messinstrument messen wir?

2. An der 0 anlegen.

3. Noa Maßband 1m 25cm

Wie groß ist das größte Kind der Klasse?
Welches Messinstrument eignet sich hier am besten?

Längen schätzen und messen

B S. 64–65

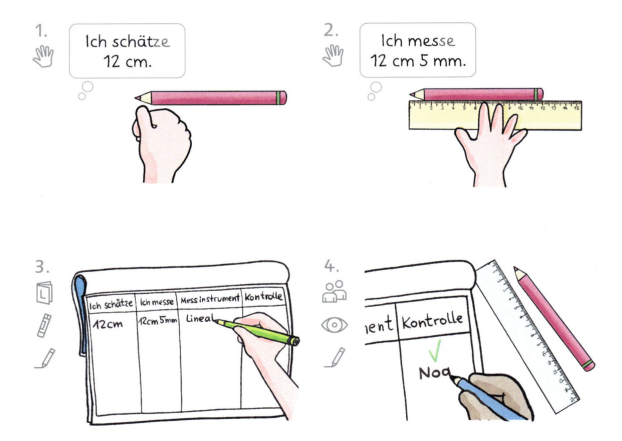

Wann helfen uns Körpermaße und wann Messinstrumente?

Längen zeichnen B S. 66–67

die Strecke

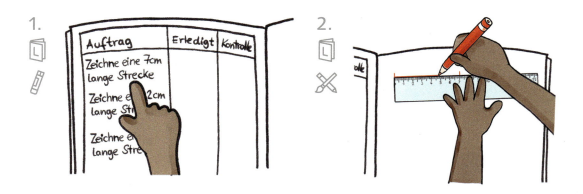

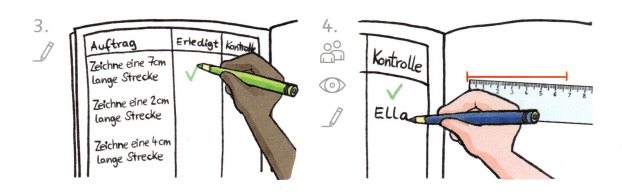

Was ist dir leicht-/schwergefallen?

Informationen finden

B S. 68–69

1. **Was fehlt?**

   Kunstraum
   Im Schrank des Kunstraums gab es 12 Buntstifte, 30 Tuschkästen und 30 Pinsel.
   Jetzt fehlen 4 Buntstifte. Außerdem 8 Tuschkästen und 14 Pinsel.

2. Im Kunstraum fehlen
   __ Buntstifte,
   __ Tuschkästen u
   __ Pinsel.

3. **Was hilft mir, die Lücken zu füllen?**

Wie findest du die richtige Information? Hast du einen Tipp?

93

Fragen stellen

B S. 70–71

Wie findest du die passende Frage?

Rechnen

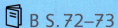 B S. 72–73

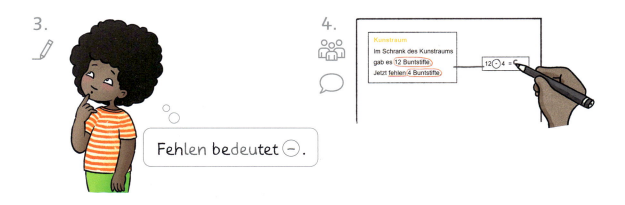

Welche Signalwörter hast du gefunden?
Welche Wörter stehen für ⊕, ⊖, ⊙ oder ⊙?

In dieser UE ist der Fokus auf die Signalwörter. Auf den Kontext muss natürlich auch geachtet werden.

Antworten geben

B S. 74–75

Woran erkennst du, dass die Antwort zur Frage passt?

Die Antwort wird formuliert, indem das Fragewort aus der Frage durch die Anzahl ersetzt wird.

Das Mal-Plus-Haus (MPH)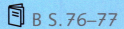

 Wie ist das MPH aufgebaut?

Im MPH werden die Kellerzahlen miteinander multipliziert. Daraus ergibt sich die darüber liegende Wohnungszahl. Die beiden Wohnungszahlen werden addiert. Daraus ergibt sich die Dachzahl.

+ − · : **im MPH** B S. 78–79

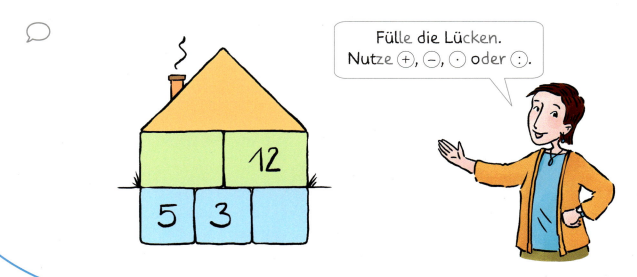

1.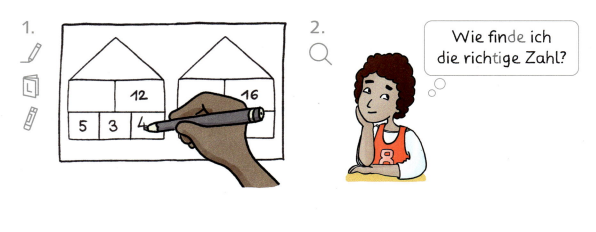

2.

3.

Welche Rechenwege hast du genutzt? Findest du verschiedene Möglichkeiten, um eine Lücke zu füllen?

98

Die Dachzahl erforschen

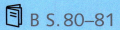 B S. 80–81

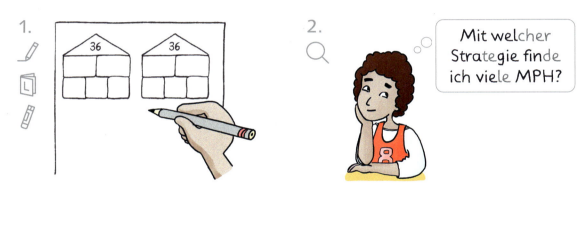

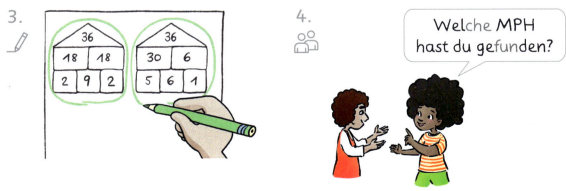

Welche MPH mit der Dachzahl 36 hast du gefunden?
Gibt es eine Strategie, um viele zu finden?

Gespiegelte Lösungen gelten als weitere Lösungen.

99

Äußere Kellerzahlen erforschen

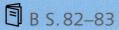

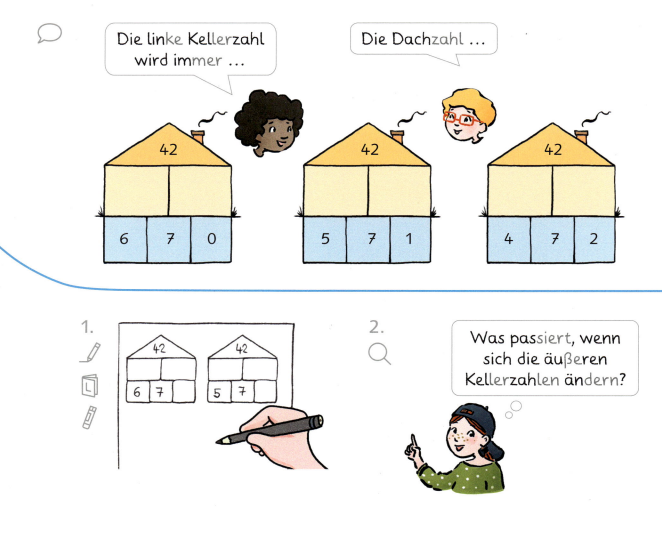

Was fällt dir an den MPH auf?

Die mittlere Kellerzahl erforschen   B S. 84–85

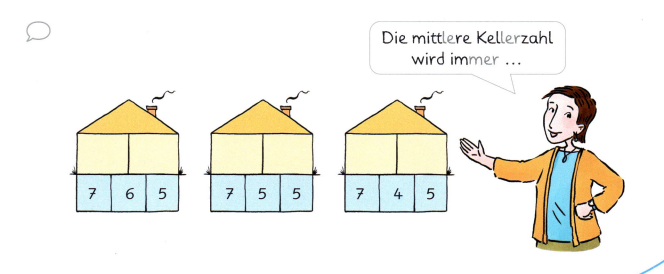

Die mittlere Kellerzahl wird immer …

1.

2. Was passiert, wenn sich die mittlere Kellerzahl ändert?

3.

bleiben immer

4. Wenn die mittlere Kellerzahl …

… dann wird die Dachzahl …

Was fällt dir an den MPH auf?

101

Orientierung auf dem Plan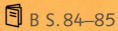

1.

2.

3.

 Sehen alle Pläne gleich aus? Gibt es Unterschiede?

102

Wege gehen

B S. 86–87

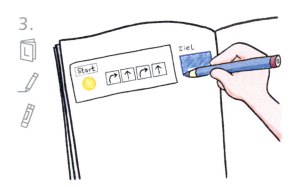

Welche Wege sind dir leicht-/schwergefallen?

Beim Drehen bleibt Robbi auf dem gleichen Feld stehen. Startperspektive: Robbi startet immer mit Blick nach oben, siehe Nasenspitze.

103

Wege finden

 B S. 88–89

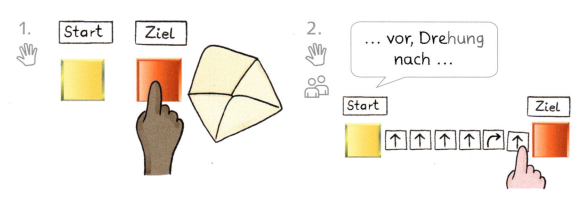

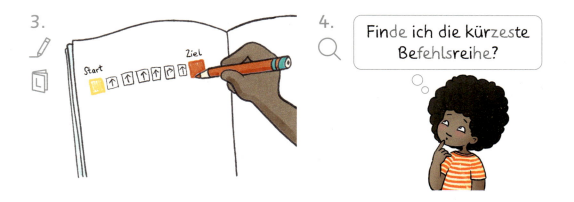

Bist du dir sicher, dass du die kürzeste Befehlsreihe gefunden hast?